TRAITÉ

SUR

L'OUVRAGE MANUEL.

Imprimerie de F. GUYOT, grande rue Mercière, 39.

TRAITÉ

SUR

L'OUVRAGE MANUEL

et sur

L'ÉCONOMIE DOMESTIQUE,

A L'USAGE

Des Jeunes Personnes;

Par M. GAUTHIER.

LYON,

DE L'IMPRIMERIE DE F. GUYOT, LIBRAIRE,

Grande rue Mercière, 39.

Aux trois Vertus Théologales.

—

1841.

TRAITÉ

SUR

L'OUVRAGE MANUEL.

Travaux des Femmes.

Dans l'éducation des femmes, les travaux d'aiguille tiennent, sinon le premier rang, du moins une place très importante. En vain, dans les familles les plus élevées, a-t-on voulu remplacer les travaux des femmes par des études de musique, de dessin à l'aquarelle, à l'huile; par une teinture des sciences jusque-là réservées aux hommes; ces essais ont été malheureux et l'on s'est aperçu trop tard qu'en dénaturant les habitudes des jeunes personnes, on avait laissé en outre une grande lacune dans leur éducation et leur existence.

1

Il faut avouer cependant que les travaux de femmes ne sont pas également utiles à toutes les jeunes filles : par exemple, si le tricot de bas est indispensable à une ménagère, demeurant à la campagne; si l'art de tailler une robe et de la faire, est utile à une jeune femme placée dans une condition modeste, une demoiselle appartenant à une famille riche, peut se contenter des ouvrages de broderie, de tapisserie et de tous ces petits travaux qui conviennent à une fortune considérable.

Nous ne prétendons pas assigner tels ou tels travaux à une position déterminée dans le monde, car nous savons que la sage prévoyance de beaucoup de mères de famille veut assurer le sort de leurs filles contre les revers soudains de la fortune. Nous avons connu des demoiselles appartenant aux maisons les plus distinguées, qui avaient reçu de leurs femmes de chambre des leçons de couture, en lingerie et en robe, et qui auraient pu exécuter les travaux les plus compliqués.

Cependant, comme les travaux des femmes sont très multipliés et surtout très différents, nous les disposerons en trois classes qui feront autant de chapitres. *Première classe* : travaux utiles ; *deuxième classe* : travaux utiles et agréables; *troisième classe* : travaux de simple agrément.

CHAPITRE Ier.

Travaux utiles.

Le cadre de ce chapitre ne nous permet pas d'embrasser toutes les connaissances que doit posséder une bonne ménagère; nous supposons que la mère s'est chargée d'instruire sa fille de tous les détails d'économie domestique; ou que de sages institutrices lui ont donné, pendant son éducation, les leçons et les conseils qu'elle doit plus tard mettre en pratique. Nous voulons néanmoins, avant de passer aux travaux d'aiguille, dire un mot de la lessive et de la panification.

ARTICLE PREMIER.

De la Lessive.

Quand le linge d'une maison a besoin d'être blanchi, *on fait la lessive.* On commence par tirer le linge, le compter et l'écrire, c'est-à-dire indiquer sur un cahier le nombre des pièces de chaque sorte.

La première opération de la lessive est d'*échanger* le linge en le lavant à grande eau et pièce à pièce. Quand le linge est échangé, on le place dans le *cuvier*, en le développant. Mais, pour que le linge ne touche pas le bois du cuvier, on couvre tout l'intérieur du cuvier d'une grosse toile nommée *charrier* qui retombe sur les bords. On place au fond du cuvier les torchons, les draps, les serviettes, les nappes et puis le linge de corps par dessus. On rabat les bords du charrier; s'il n'est pas suffisamment grand, on couvre le dessus du cuvier d'un autre morceau de toile sur lequel on répand des cendres.

Quand tout est bien disposé on *coule la lessive*. Pour cette opération on fait chauffer de l'eau dans une chaudière, et on la verse sur la cuve avec un poëlon à manche. L'eau traverse les cendres, en dissolvant les sels alkalins qui s'y trouvent; elle passe dans les pièces de linge et arrive au fond du cuvier, qui est percé d'un trou sur le côté. Afin d'empêcher que le trou ne se bouche et ne finisse par être obstrué par le linge, on a soin de placer en dedans quelques branches de sarment ou de menu bois. L'eau tombe dans un baquet d'où on le reporte dans la chaudière; on la verse de nouveau sur le cuvier, et l'on continue ainsi pendant quinze heures environ. Sur la fin de cette opération l'eau est bouillante ; alors on met la bonde au trou du cuvier, en y verse toute la lessive, et l'on conserve la chaleur pendant la nuit en fermant bien la chambre.

Comme il est fatiguant de reporter continuellement l'eau du baquet dans la chaudière, ordinairement on élève le cuvier sur un trépied, de manière que le trou percé vers le fond soit plus haut que la chaudière, et l'on adapte un tuyau de bois, de fer ou de fer-blanc, qui communique du cuvier à la chaudière ; par ce moyen il suffit de verser l'eau de la chaudière sur les cendres.

Le lendemain matin on retire du cuvier les pièces de linge l'une après l'autre, et on les rince à grande eau. Si quelques taches persistent après le coulage, on les ôte au savon. Dès que le linge est rincé, on le tord fortement et on l'étend au grand air pour le faire sécher. Avant de tordre le linge fin, on le *passe au bleu*. On appelle *passer au bleu* tremper le linge dans une eau légèrement azurée, au moyen d'un morceau d'indigo serré dans un nouet.

Ordinairement, pour communiquer au linge une bonne odeur, on place dans les cendres des racines d'iris ou des bottes de thym et de lavande. Aussitôt que le linge est sec on s'occupe à le plier. Le gros est mis sous presse, ce qui le rend lisse. Le linge fin n'est pas étiré, mais repassé au fer chaud. Lorsqu'il est bien sec, on l'humecte légèrement et on y promène un fer chauffé au degré nécessaire. Mais comme il faut plisser les chemises d'hommes et tuyauter les cannesous, pélerines et mantilles de femmes, et que leur repassage exige de l'adresse et du goût, on confie ce travail à des ouvrières qui s'en occupent exclusivement.

La lessive ne se fait dans les grandes maisons que deux ou trois fois par année; il est donc important de choisir un beau temps, et de consulter auparavant son baromètre. Dans les grandes villes on ne fait pas la lessive dans l'intérieur des maisons, mais on confie le linge à des blanchisseuses des environs qui coulent la lessive.

Il est rare que, dans ces établissements, on emploie des cendres; on se sert habituellement de *potasse* ou de *soude*, nommée alkalis; souvent même on augmente l'activité de ces substances par une addition de chaux. Il faut de grandes précautions pour que le linge ne soit pas endommagé par l'emploi de ces moyens. Ajoutez que l'on enlève les taches avec de l'eau de javelle, et que, pour rincer le linge, on le frappe avec des battoirs en bois et on le frotte avec des brosses à soies très courtes. Toutes ces différentes causes amènent promptement la destruction du linge. Aussi conseillons-nous à une femme d'ordre de surveiller de très près ces blanchisseuses. Le procédé du *blanchissage à la vapeur*, aujourd'hui adopté par les grands établissements, est très bon lorsqu'il est employé avec prudence.

ARTICLE II.

De la Panification.

L'art de faire le pain a été singulière-ment perfectionné en France, où les bou-langers sont aujourd'hui les plus renom-més de l'Europe. On prépare la farine dans un coffre de chêne appelé *pétrin*. On la dispose de manière qu'il y ait un vide au milieu. C'est dans cet espace que l'on délaie le *levain* avec de l'eau tiède. On appelle levain un morceau de pâte conservée de la dernière panification. Cette pâte conservée s'aigrit et contri-bue à la fermentation de la farine. Le levain ainsi conservé se nomme *levain de chef* : le levain proprement dit est la levure que produit la fabrication de la bière. La proportion du levain à la fa-rine est d'un vingtième environ, plutôt moins que plus. On ne délaie d'abord qu'environ le tiers de la farine, et l'on attend le lendemain matin pour manipu-

1*

ler le reste : si le temps est froid et humide, et que l'on craigne que la fermentation ne puisse avoir lieu, on la facilite en plaçant sous le pétrin un réchaud ou une terrine remplie de braise. On délaie la farine avec de l'eau chaude, on la brasse, et l'on distribue également l'eau et le levain dans toutes les parties de la masse.

Lorsque la pâte est ainsi préparée, on attend une heure ou deux, selon la température, pour que la fermentation ait lieu : c'est ce que l'on appelle *faire revenir le pain*. C'est pendant ce travail intérieur que se développent les gaz qui forment dans le pain ces *œils* ou trous que l'on y remarque. *On chauffe le four* par un feu clair, on retire avec un *fourgon*, crochet de fer attaché à un long manche, les cendres et les braises. Dès que le four est chaud à point, on le nettoie bien et on le referme pour que la chaleur s'y distribue uniformément. Pendant ce temps on a divisé la pâte que l'on a mise dans des paniers d'osier garnis de serviettes pour les pains ronds, et dans des tinettes de bois allongées pour les pains longs. On coupe le dessus de la pâte pour que la cuisson puisse s'opérer plus facilement; on retourne les pains dans un autre panier garni d'une serviette, et on les verse successivement sur la pelle de bois. Quand le pain est enfourné on ferme le four, et au bout d'une heure environ on défourne le pain qui est alors cuit et qui refroidit au grand air. La farine de froment lève parfaitement bien; celle de seigle, d'orge, de maïs, d'avoine ou de pomme de terre a beaucoup de peine à lever, et fait par conséquent un pain lourd et indigeste.

Le *pain bis* se fait avec du méteil, farine de seigle et de froment. Le biscuit de mer est le pain destiné à la nourriture des marins. On le fait avec de la belle farine peu levée et qui reste long-temps au four.

La *pâtisserie* se fait comme le pain,

mais on ne se sert pas de levain. On mêle à la farine des œufs, du beurre, du sucre, de la vanille, selon les espèces de pâtisseries. On emploie pour la pâtisserie le *gruau* ou fleur de farine et les fécules de pommes de terre. Pour les gâteaux, on fait usage ou de *pâte ferme* ou de *pâte feuilletée*. La première se fait avec de la farine dans laquelle on mêle du beurre et des œufs. A mesure que la pâte se fait, on l'étend avec un rouleau de bois sur une table unie. On lui donne ensuite la forme que l'on veut, selon que l'on doit faire des galettes ou des pâtés. La pâte feuilletée se fait sans œufs : on saupoudre de farine la table où l'on prépare la pâte afin qu'elle puisse se détacher facilement. On étend la pâte avec un rouleau, et l'on y aplatit un tiers de beurre ; on replie la pâte en deux, on y met un second tiers, on la plie encore, et on y étend le reste du beurre. La pâte feuilletée est agréable à manger; cependant bien des personnes préfèrent la pâte ferme.

Lorsqu'une femme est mariée à la campagne, elle doit connaître parfaitement tous les détails de l'économie domestique. La basse-cour, la confection du beurre, du fromage, la conservation des viandes, des légumes, des fruits, etc., etc., appellent tous ses soins, si elle veut faire régner l'abondance et le bien-être dans sa maison. Une mère de famille qui habite une grande ville, doit connaître tout ce qui rapporte au ménage, la conservation et l'entretien des meubles; le nettoyage du fer, du cuivre, de l'argent, de l'or, le bon achat des provisions, la préparation ordinaire des mets que sa cuisinière ou elle-même doit surveiller, etc. Nous voudrions bien entrer dans quelques détails sur ces divers sujets si le temps nous le permettait. Celles qui sont chargées de l'instruction et de l'éducation des jeunes personnes, tâcheront de trouver dans leur zèle de quoi y suppléer. Entrons dans quelques détails sur les travaux d'aiguille.

ARTICLE III.

Tricotage.

On tricote en laine, en coton, en fil ou en soie, avec des aiguilles ou broches d'acier. Les aiguilles sont quelquefois en buis, en ébène ou en ivoire, lorsqu'on tricote des pantalons, des camisoles, des jupons ou des gilets. Voici le point de tricot : attachez le fil à l'une de vos aiguilles que vous tenez de la main droite, et faites des nœuds coulants. Chaque nœud coulant forme une maille ; lorsque vous avez fait autant de mailles qu'il est nécessaire, passez l'aiguille à mailles de la main droite dans la main gauche. Prenez l'aiguille à tricoter (on appelle ainsi l'aiguille destinée à relever les mailles) entre le pouce et l'index, passez-la au dessous de l'aiguille à mailles et faites arriver un premier nœud coulant sur l'aiguille à tricoter. Il ne s'agit que de continuer

1° *Tricot de bas.*

Pour tricoter une paire de bas, il faut un jeu d'aiguilles anglaises, composé de cinq broches de même longueur. Faites des mailles sur quatre de ces aiguilles; le nombre des mailles dépend de la grandeur du bas et de la finesse du brin employé; quand les mailles sont faites, passez la quatrième aiguille dans le premier nœud de la première aiguille, et commencez un petit bord qui a pour objet de serrer un peu les bas vers le haut et d'empêcher qu'il ne se roule.

Avant d'aller plus loin, nous devons faire ici la distinction des mailles ordinaires ou *mailles à l'endroit*, des *mailles à l'envers* et des *mailles retournées* qui paraissent en relief sur un tricot à l'endroit. Dans un tricot à l'endroit, on emploie la maille à l'envers pour marquer la couture du bas qui traverse le bas par derrière dans toute sa hauteur. La cinquième aiguille , dont nous n'avons pas encore parlé , sert à reprendre les six dernières mailles pour empêcher que le bas n'ait de petites raies aux quatre coins formés par les quatre aiguilles. Le tricot se continue de la même manière jusqu'au mollet , où il faut diminuer le nombre des mailles. Pour opérer cette diminution , on fait des *étrécissures* en prenant deux mailles à la fois avec la même aiguille ; ce n'est qu'auprès de la couture que se font les étrécissures , et c'est la force des mailles qui en règle le nombre. Si le mollet est très gros , il faut aussi des élargissures jusqu'au jarret ; ces élargissures commencent également à côté de la couture du bas. Il n'y a pas de difficulté jusqu'au talon ; mais alors le travail se divise en deux parties. On laisse le devant et l'on arrête les deux aiguilles , et avec les deux autres on continue le talon. Dans ce tricot qui n'est plus circulaire , mais par bandes plates , il se produit deux espèces de mailles , l'une rangée à l'endroit et l'autre à l'envers ; mais en faisant les rangs à l'envers chaque fois qu'il faut tricoter à gauche, toutes les mailles paraissent à l'endroit. La rondeur du talon est assez difficile à exécuter lorsqu'on n'en a pas l'habitude: des explications écrites seraient assez peu intelligibles. Il sufit de dire que lorsque le talon est achevé, on reprend le dessus de pied en faisant des rétrécissures jusqu'à ce qu'il n'y ait plus qu'une maille; alors on casse le fil, on le passe dans cette dernière maille, on le tire et le bas est achevé. Pour faire un *bas à côtes*, il faut mélanger quatre, trois ou deux mailles à l'envers et deux à l'endroit : au reste, le procédé est absolument le même que dans les bas unis.

Les *chaussons* se tricotent dans le sens opposé des bas. On commence par le bout du pied avec un tricot circulaire, et l'on suit en élargissant ; on fait un tour sans élargir, puis on élargit au tour sui-On fait le talon comme celui d'un bas, c'est ce qu'on appelle la *pate du chausson*.

Nous ne dirons presque rien des *jupons tricotés*, qui se composent de deux lés, celui du derrière et celui du devant, que l'on rétrécit des deux côtés, à partir de la moitié de la longueur. Il faut avoir la précaution, en tricotant des jupons, de laisser la maille très lâche. Les jupons tricotés sont élastiques, et par conséquent prennent bien la forme du corps. Ils tiennent chaud sans grossir la taille, ce qui convient surtout aux personnes un peu puissantes. On a soin de laisser une fente au lé de derrière, pour que le jupon puisse entrer facilement. On tricote des jupons à mailles unies, d'autres à côtes, qui se font comme les bas à côtes, d'autres à jour, etc. Les *gilets* d'hommes ou de femmes se composent de cinq morceaux, deux manches, deux devants et un derrière. Les manches se commencent par les poignets et exigent des précautions qu'un peu d'habitude fera bientôt connaître. Les deux devants et le derrière sont de grandes pièces plates que l'on tricote séparément et que l'on réunit ensemble par la couture dont nous avons déjà parlé à l'article des bas. Lorsqu'on veut faire le gilet d'une seule pièce, il faut de bien longues aiguilles et qui ont de la peine à contenir le nombre considérable de mailles que l'on presse les unes contre les autres.

On tricote aussi des *pantalons* : on se sert de pluches et de deux fils d'inégale grosseur ; le plus fin sert à faire le fond et le plus fort est destiné au velouté ; ce sont des pantalons très chauds et destinés aux vieillards. Ce genre de tricot exige quatorze aiguilles : sept aiguilles pour chacune des deux pièces qui doivent former les jambes.

Les *bonnets de coton ou de laine* se font comme les chaussons, en élargissant circulairement jusqu'à ce qu'on ait fait un nombre suffisant de points de couture ; alors on tricote circulairement la longueur de six décimètres d'aune et quelque chose en sus ; il ne reste qu'à terminer comme on a commencé, mais dans un ordre inverse. On tricote des *gants*, mais ce genre de tricot est bien abandonné aujourd'hui. La fabrication **des** bas au métier a pris un tel développement que le tricot a été délaissé, surtout dans les grandes villes. On est parvenu à répandre dans le commerce les bas à un prix si modéré, que l'art de tricoter a perdu beaucoup de son importance.

II. *Raccommodage des bas.*

Si le tricot des bas est aujourd'hui bien moins répandu, en revanche il est plus utile que jamais à une femme de ménage de savoir raccommoder les bas. Le raccommodage se compose : 1° du ressemelage, 2° de la garniture, 3° du remaillage, 4° du recoupage.

1° Le *ressemelage* des bas est l'opération que l'on fait aux bas très fatigués et très usés. On coupe le bout arrondi du talon et le dessous du pied ; on taille sur cette semelle une semelle de toile ou d'étoffe de coton, de drap de coton, par exemple ; cette semelle doit être plus large que le patron, car il faudra faire un pli autour du bas et autour de la semelle. Ce pli se nomme *pli rentré*; on le maintient avec un *point d'épinette*, autrement dit *point du chausson*. On rapproche la semelle du bas, et on les coud avec un surget que l'on rabat fortement avec le dé.

2° La *garniture* des bas consiste en morceaux que l'on rapporte au talon pour les doubler, ou en fils que l'on y passe et qui les consolident, ce qu'on appelle *garniture à l'anglaise*. On retourne le bas à garnir, on adapte une doublure de même étoffe que l'on attache avec des épingles ; on le coupe ensuite convenablement, pour que l'étoffe prenne la rondeur du talon et qu'elle aille en diminuant par le haut; on glace enfin sur le point de couture du bas, et l'on fixe le morceau tout autour par un *point d'épinette*. Il faut faire en sorte que les points ne paraissent pas à l'endroit, surtout dans la partie du bas qui peut être vue au-dessus du quartier du soulier. Quand il ne s'agit que de garnir les talons de fils, on se sert d'une très longue aiguille, on trace d'abord la partie du talon que l'on veut garnir, et on forme une suite de lignes; c'est une doublure très solide et très propre, mais qui est fort longue à faire.

3° Le *remaillage* ou *ramaillage* se fait avec du fil de même nature que celui qui compose le bas. Lorsqu'un bas est coupé au talon par le frottement du soulier, on reprend les mailles et on les rapproche, en ayant soin de ne pas faire passer l'aiguille dans les brides, mais dans la boule des mailles. C'est au moyen du remaillage que l'on met des pièces de derrière aux bas. Il faut faire observer qu'avant de rapprocher la pièce du bas, on doit défiler en épluchant chaque maille avec une épingle, afin d'ôter le petit bout de coton resté dans la maille en coupant, et de rétablir le droit fil s'il n'existe plus.

4° Enfin, on emploie le *recoupage* lorsque les bas sont très mauvais et que le coude-pied est usé. On diminue la longueur du bas en remaillant un morceau dans le haut s'il est nécessaire. On comprend que puisqu'on descend le bas, le mollet se trouve également descendu. Il faudra donc l'échancrer; il ne restera plus qu'à rabattre à droite et à gauche les morceaux que l'on fixe au bas par un point d'épinette.

Il est infiniment plus propre de *rempiéter*, c'est-à-dire de couper le pied au bas de la jambe, d'y attacher les aiguilles à tricoter, et de refaire le pied de nouveau.

III. *Reprises.*

Tout s'use avec le temps : les étoffes non seulement s'usent, mais encore se déchirent par accident. Si vous laissez un trou, ce trou s'agrandit bien vite, et plus tard il devient impossible d'y porter remède. Il est donc très-important de savoir faire les reprises pour arrêter le mal dans son principe. Il y a plusieurs espèces de reprises : les *reprises ordinaires*, les *reprises à pièces*, les *reprises à surjet*, les *reprises à dentelles*, les *reprises perdues*, etc.

Les *reprises ordinaires* ont pour but de réunir les parties d'étoffe séparées violemment par la rencontre d'un clou ou de tout autre obstacle. Quand les parties sont rapprochées, on passe des rangées de *points-devant* avec une longue aiguille. Chaque point est disposé de telle sorte que moitié est au-dessus de l'étoffe et moitié au-dessous. Dans la ligne suivante on contrarie le point, c'est-à-dire qu'à la partie qui passe au-dessus correspond une partie qui passe au-dessous et ainsi de suite, de manière à former une espèce de damier. Pour faire les reprises, on emploie un fil plat et brillant, ou un coton plat à reprises.

Les *reprises à pièces* se font dans les étoffes qui présentent des trous ronds produits par un accroc ou une brûlure. Cette reprise peut être faite avec adresse; cependant, comme elle est assez apparente, on ne l'emploiera que pour le gros linge, et jamais pour les robes ou parties de vêtement exposées à la vue. Prenez un morceau d'étoffe pareille à celle que vous raccommodez, et appliquez ce morceau à l'envers, sans faux plis. On bâtit et on bague sur le bord; on travaille à l'envers en prenant à chaque point la pièce et le bord du trou. Lorsque les points de reprise sont faits avec soin, la pièce est peu visible.

Les *reprises à surjet* se font aux étoffes à raies, à fleurs, où il est plus facile d'empêcher le surjet de paraître : cette reprise est une véritable *pièce rapportée.*

On enlève le morceau emporté de manière à lui donner une forme carrée ; on fait un pli rentré autour du trou ; on prend un morceau de la grandeur convenable, autour duquel on fait également un pli rentré ; on bâtit ce morceau à l'envers et l'on commence son surjet, en ayant bien soin que les coins ne fassent pas de plis ; il ne reste plus qu'à écraser le surjet avec le dé. Souvent, au lieu de faire un surjet tout autour de la pièce, on se contente d'en faire un dans le haut, on rabat la pièce et on l'unit à l'étoffe par un point lacé fait avec un fil très fin : c'est un joli travail qui demande du soin et de l'intelligence.

Les *reprises à dentelles* ont lieu pour des trous de peu d'étendue qui se trouvent dans les draps ou dans les serviettes. Faites autour du trou un petit cordonnet, et remplissez le trou avec un point de tulle. On passe ensuite du fil plat en points de reprise contrariés, et le travail est terminé. Ce genre de reprise n'est presque plus en usage, parce que le contraste du clair et de l'épais était trop apparent.

Les *reprises perdues* sont les reprises les plus longues, mais elles produisent une illusion complète. Quand le tissu n'est pas croisé, on emploie les points-devant au moyen d'une longue aiguille fine ; mais comme l'opération fatigue beaucoup la vue, on monte les étoffes sur un morceau de papier vert. Ce travail est fort long, parce qu'il faut, avant de commencer, tirer les fils en longueur et en largeur ; mais lorsque l'étoffe est croisée, le travail devient bien plus long encore, car il faut prendre chaque fil un à un comme si l'on faisait un point de côté, et de plus retourner l'aiguille pour alterner en dessus et en dessous. Les reprises perdues coûtent fort cher ; il est donc utile qu'une jeune personne s'accoutume à les faire. C'est une ressource qu'elles se préparent si des revers venaient à les frapper; c'est aussi le moyen d'économiser le salaire très-élevé qu'il faut payer aux ouvrières.

IV. *Couture.*

La couture comprend deux objets bien distincts : la couture du linge et la couture des robes. Dans la couture on emploie plusieurs sortes de points : le *point-devant*, le *point d'ourlet*, le *point arrière*, le *point de surjet* et le *point de boutonnière.*

Le *point-devant* est très simple : il se fait en prenant un certain nombre de fils et en repiquant l'aiguille à une distance égale au nombre de fils que l'on a pris précédemment L'étoffe est attachée par une épingle sur le genou, ce qui la tend convenablement et facilite le travail. Lorsqu'on fait des points très allongés en forme des *bagures* ou *batis* qui serveut à maintenir des parties d'étoffe ; on les ôte ensuite quand la couture est achevée.

Le *point d'ourlet* se nomme aussi *point-côté*, parce qu'il se fait en piquant l'aiguille de biais dans l'étoffe que l'on veut coudre ; il faut avoir le soin de prendre le même nombre de fils pour rendre le point égal. Comme le point-côté sert principalement aux ourlets, il en a pris le nom. Lorsqu'on n'est pas très exercée encore aux coutures, il est utile de les bâtir ; sans cette précaution on s'expose à *emboire*, c'est-à-dire à prendre plus d'étoffe dans un endroit que dans l'autre. Les ourlets sont employés dans presque tous les travaux de femmes. On commence d'abord par faire un petit pli à l'étoffe en l'aplatissant sous l'ongle de la main ; quand le petit pli est marqué, on fait un second pli à la distance voulue par la largeur de l'ourlet. On commence alors les points-côtés, et lorsque l'ourlet est un peu plus long, on

2 *

l'attache sur le genou pour travailler plus commodément.

Le *point arrière* est un point solide et joli tout à la fois, mais qui exige beaucoup d'attention, car les intervalles doivent être égaux. On l'appelle point arrière, parce qu'après avoir fait un point, on revient en arrière à l'endroit même où l'aiguille a déjà pénétré et on continue à retourner en arrière en couvrant toujours le point déjà fait. Le point arrière s'emploie principalement pour piquer.

Le point surjet est un point très employé dans la couture. On rentre de quelques lignes les deux morceaux d'étoffes que l'on veut coudre, et l'on fait un pli tout le long pour empêcher que l'étoffe ne s'éffile, c'est le *pli rentré* dont nous avons parlé. Si l'étoffe n'a pas de lisière on fait une couture rabattue à l'envers du surjet : pour cela on évase d'abord le surjet ; on retourne à l'envers les deux morceaux d'étoffe, on les écarte et on rabat le plus grand pli rentré sur le plus petit, puis on coud comme un ourlet. Le surjet s'emploie rarement sur la soie, le taffetas, le satin, on le remplace par un point devant surfilé ou par une couture en ourlet.

Le *point de boutonnière* est employé pour les boutonnières qui servent à attacher les vêtements : nous n'essaierons pas de l'expliquer avec des mots, il suffit de le voir faire pour en comprendre le mécanisme. Nous nous contenterons de dire que ces points de boutonnière doivent être égaux, réguliers et semblablement serrés. On les termine à chaque extrémité de la fente par une bride.

V. *Linge de lit, de table et de corps.*

Les bornes que nous nous sommes prescrits ne nous permettent pas d'entrer dans les détails sur la confection du linge, mais, à défaut de ces procédés généralement connus, nous allons donner des notions intéressantes sur les diverses parties de la lingerie.

1º *Draps.*

Les draps de maître se font avec de la toile de Beauvais, blanchie à Senlis; ou en belle cretonne de Lisieux ou de Bernay, ou en toiles de Bretagne ou de Voyron. On emploie 13 mètres 2 décimètres ou 14 mètres 4 décimètres selon la largeur du lit. On prend de la toile d'un mètre (en 4/4 ou 7/8. Les draps de domestique se font avec de la toile jaune d'Alençon en 9 décimètres; on y met 12 mètres.

2º *Téts d'oreillers.*

On prend pour les téts d'oreillers 8 décimètres (2/3) en carré de toile de Bretagne ou de calicot garni en mousseline ourlée ; ces garnitures peuvent être remplacées par des bandes festonnées.

3° *Couvre pieds.*

Les couvre-pieds sont de différentes espèces ; dans l'hiver on les fait en soie assortie à la couleur du meuble de l'appartement ; en été on les remplace souvent per des couvre-pieds en perkale ou en piqué. Tout dépend de sa fortune, de sa position, de son ameublement.

Les nappes doivent avoir des liteaux rouges ou bleus ; ces derniers sont plus distingués. On emploie de la toile de Bernay. Pour les beaux services, les nappes damassées de Saxe avec bouquets, dessins d'ornements, paysages et chasses, conviennent mieux que les toiles de Bernay.

Nappes pour petite table.	1 mèt.	5 déc.
Nappes pour 6 couverts.	2 —	4 —
Nappes pour 12 couverts.	3 —	» —
Nappes pour 18 couverts.	3 —	9 —

3° *Serviettes.*

Les serviettes ordinaires sont à liteaux rouges ou bleus assortis avec la nappe ; elles ont 9 décimètres. On les fait en toile de Bernay ou de Lisieux. Les serviettes de domestiques ont aussi 9 décimètres et sont de toile jaune d'Alençon.

4° *Tabliers de cuisine.*

Les tabliers de cuisine se font en toile d'Alençon. On prend 11 décimètres de hauteur et 9 de largeur. Quelquefois on prend 11 décimètres de largeur. Les poches emploient 2 décimètres.

5° *Torchons.*

On se sert de toile d'Alençon pour les torchons que l'on coupe dans les proportions suivantes : pour 12 torchons, prenez 12 mètres d'étoffe en 9 décimètres de largeur, et coupez douze longueurs égales. On peut ne prendre que 10 mètres 8 décimètres. Mais alors ce sont de petits torchons. Il faut mettre un franc pour un bon torchon.

6° *Chemises.*

Les chemises d'hommes, plus visibles, plus apparentes que celles des femmes, exigent des qualités d'étoffe plus belles : cependant bien des dames riches veulent également les plus belles qualités.

Chemises d'hommes. Les chemises d'hommes peuvent se faire en toile; alors on emploie le *Courtrai*, la *Demi-Hollande*, la *Westphalie* et la *Frise*, selon la fortune et le rang des personnes. Les toiles du Dauphiné sont une ressource pour le midi de la France. Lorsqu'on veut du coton, on chiosit le *calicot*, le *Madapolam* et la *perkale.*

Voici les proportions : 3 mètres pour les chemises ordinaires, et 3 mètres 3 décimètres, lorsqu'il y a des pièces de devant rapportées. Le corps de la chemise a 1 mètre 8 décimètres de hauteur et 9 décimètres de largeur; on met 8 décimètres pour les hommes de petite taille.

Chemises de femmes. Nous avons dit que les femmes emploient quelquefois les mêmes qualités d'étoffes que les hommes, cependant le plus habituellement, elles ne se servent que de la *cretonne*, du courtrai et de la perkale : on prend pour chaque chemise de femme 2 mètres 4 décimètres, ou 2 mètres 7 décimètres.

7° *Camisoles.*

Les camisoles de nuit se font en basin, en croisé, en piqué, en côteline ou en étoffe de fantaisie; on emploie 2 mètres 4 décimètres d'étoffe et 3 mètres 6 décimètres quand on les fait très amples.

VI. *Couture en robes.*

Une robe se compose d'une jupe, d'un corsage et des manches. La jupe se dispose selon divers procédés : elle a 3 mètres et même 8 mètres 6 décimètres de largeur par le bas et autant par le haut. Dans un temps on coupait les robes à pointes ; plus tard on a suivi un autre procédé, lorsqu'on a voulu laisser à la jupe la possibilité de faire des plis autour de la taille. Il serait inutile de dire comment se coupe une jupe, car les couturières ont des méthodes différentes, et d'ailleurs ce qui serait de mode au moment où nous écrivons ces lignes, pourrait bien ne plus l'être dans quelques mois. Quand les morceaux de la jupe sont rassemblés, on fait un large ourlet dans le bas : pour rendre facile l'entrée de la jupe, on laisse par derrière une fente de 3 décimètres. On garnit cette fente d'une ganse, et on place au bas une petite bride en forme de boutonnière.

Le corsage varie beaucoup plus que la jupe, le dos est tantôt plat, tantôt à plis; le devant se dispose en draperie ou à la vierge, ou à cœur croisé, ou à guimpe plate. On adapte aujourd'hui une pèlerine à tous les corsages de robe. Lorsque le corsage est assemblé, on le bâtit sur un large ruban de fil, afin qu'il ait de la solidité et qu'il résiste aux divers mouvements du corps. Les manches ont changé singulièrement de forme; on les a fait plates ou justes, puis avec des jockeis, des bouffantes, des plis crevés, puis on les a augmentées de volume jusqu'au point de leur donner la dénomination de *manches à l'imbécile* et *de manches à gigots*. On garnit le haut de la manche avec des coussins d'édredon, de crin, de baleine, etc. Les manches plates semblent vouloir reprendre faveur, mais cette mode est peu avantageuse aux personnes maigres.

Quand les manches sont disposées, on

les coud après l'emmanchure, ouverture circulaire qui joint le corsage à la manche. On échancre suffisamment pour que le bras puisse passer commodément. On bâtit les manches sur le corsage en ne laissant pas de plis à la partie qui est sous l'aisselle, et l'on dispose les plis sur le reste de la manche en les fronçant. Les robes se doublent ordinairement. On dispose la doublure semblable au dessus et on les bague ensemble, puis on *glace* en faisant un bâts à demeure. Pour les robes d'hiver, on les prépare chaudement en les garnissant de *ouate*. Les pièces de ouate présentent une surface glacée qui ne serait pas chaude; on les dédouble et l'on place le duvet fin de l'intérieur sur la doublure. La ouate est maintenue par des rangées de longs points. Les robes ne se sont pas toujours portées unies; autrefois on y adaptait des *volants de toute espèce, des plis, des biais, des entredeux, des rouleaux, des coquilles, des crevés,* etc. Les étoffes employées pour robes sont aussi variées que les façons. Pour soirées, on porte le velours, le satin uni ou broché, le poult-de-soie, le crêpe, l'organdi, le tulle. Pour toilette de ville, on porte le gros-de-Naples, le taffetas, le stoff, les mérinos, les mousselines de lin et les mousselines de coton, blanches ou imprimées, les jakonas, les perkales, les façonnés, brillantés et à dessins. Pour l'appartement on porte les redingottes blanches brodées, les peignoirs brodés, les mousselines, les toiles et la soirie. De jolies toiles peintes peuvent être portées à la chambre. Mais c'est assez, gardons-nous de faire une part à la vanité.

CHAPITRE II.

Travaux utiles et agréables.

Les travaux de femme à la fois utiles et agréables sont : la *broderie*, la *tapis-serie*, la *dentelle*

Nous avons présenté ces travaux sous la dénomination de travaux utiles et agréables, parce que nous avons pensé qu'il convenait aux jeunes personnes riches comme agrément en même temps qu'ils offraient à d'autres une ressource et un moyen de gagner de l'argent. Sans doute on peut également gagner sa vie à faire des bourses en filet, des ouvrages en cheveux, en chenille ou perles, mais cependant on conviendra facilement que ces travaux n'offent qu'une ressource précaire assujettie à la mode si mobile dans ses caprices, tandis que les autres ont un caractère plus stable. D'ailleurs les petits ouvrages en filet, en cheveux et en chenille, semblent appartenir par leur nature même à une classe de jeunes personnes nées dans des familles riches.

ARTICLE PREMIER.

Broderies.

Les broderies sont de diverses natures ; nous parlerons 1° de la *broderie en plumetis*; 2° de la *broderie en cordonnet*; 3° de la *broderie au crochet*; 4° de la *broderie au passé*; 5° de la *broderie en reprise*; 6° de la *broderie en soie nuancée*; 7° de la *broderie pailletée*.

Avant de commencer à broder, il faut choisir un dessin que l'on fait tracer sur l'étoffe ou que l'on place derrière une étoffe transparente. Le procédé qui nous semble devoir obtenir la préférence est le premier, il est plus long, mais aussi plus sûr et plus commode que le second. On imprime son dessin sur l'étoffe en le *ponçant*. Prenez votre dessin et suivez-en les contours en les piquant à points rapprochés avec une aiguille fine; on passe ce nouet sur le dessin en le secouant légèrement. La poudre fine qui s'échappe du nouet, passe à travers les trous faits au dessin par l'aiguille et laisse sur l'étoffe une empreinte reconnaissable et distincte; mais comme la poudre de charbon s'enlève facilement quand le dessin est piqué placez-le sur l'étoffe. On a renfermé dans un nouet de toile un peu de poudre de charbon très fine, on repasse ordinairement avec une plume et de l'encre ou avec un crayon, après quoi on secoue l'étoffe et la trace du charbon disparaît. Depuis long-temps on substitue à la poudre de charbon du mastic en lame que l'on fait fondre avec de la cire et du noir de fumée et que l'on réduit en poudre très fine et passée au tamis. On ponce le dessin avec un nouet rempli de cette poudre résineuse; on le recouvre ensuite d'un papier blanc sur lequel on promène un fer convenablement chaud; la résine fond, s'attache à l'étoffe et le dessin ne peut plus disparaître.

Le second procédé consiste, comme nous l'avons dit, à placer sous l'étoffe que l'on veut broder un dessin que l'on double d'un second papier pour lui donner de la consistance, au moyen de points devant très allongés ; dès qu'on est arrivé au bout du modèle, on le découd et on le place en avant.

1° *Broderies au plumetis.*

La broderie au plumetis se fait sur toutes sortes d'étoffe, comme tulle, gaze, linon, mousseline et perkale. On doit employer de la mousseline ou de la gaze dépourvue d'apprêt, il faut les empéser au préalable. Lorsque le dessin n'est pas poncé sur l'étoffe, il faut monter l'étoffe sur le dessin, ce qui exige quelques précautions, car, si l'on serrait trop l'étoffe, ou si elle était trop lâche, nécessairement le dessin serait irrégulier.

Nous renvoyons au *dessin linéaire des demoiselles* pour les modèles de dessins de broderie, ces dessins se composent de feuilles, de dents, d'ovales, de ronds combinés diversement. On met dans son aiguille une longueur de coton rond, puis on commence le dessin d'une feuille par exemple; on remonte depuis la queue de la feuille jusqu'au sommet en traçant le contour; arrivé au point de départ on coupe la feuille en deux parties égales, par une longueur représentant la grande nervure médiale des feuilles. Il ne s'agit plus alors que de faire des points transversaux qui couvrent toute l'étoffe. La broderie est plus agréable à l'œil, lorsqu'elle est en relief et légèrement bombée.

Dans la broderie au plumetis on emploie les *œillets* que l'on emploie de la manière suivante; avec un poinçon on perce un trou dans l'étoffe et l'on fait tout autour un point de surjet; quelquefois on fait un cordonnet large et aplati. Les œillets sont remplacés aujourd'hui par les pois. Souvent, au lieu du poinçon, on se sert de ciseaux au moyen desquels on enlève une très petite portion d'étoffe que l'on remplit d'un jour, après avoir assujetti l'ouverture avec un petit cordonnet qui en indique le contour.

Certaines feuilles, telles que les feuilles de vigne, se brodent de deux manières : on les fait pleines ou demi-pleines, c'est-à-dire, pleines d'un côté et cordonnées de l'autre, ou même seulement cordonnées avec indication des nervures. Il en est de même pour les roses. La pratique enseignera bien vite ce que certaines fleurs ou feuilles exigent spécialement. Les tiges des fleurs se font avec un cordonnet : on le trace d'abord, ensuite on fait un point de surjet qui couvre le coton du tracé. Les jours laissés au milieu des feuilles ou de certains compartiments de dessin, se remplissent avec des points de dentelle, soit en tirant des fils de l'étoffe, soit en coupant l'étoffe et en variant certaines combinaisons de fil fin.

On emploie encore dans la broderie des mouchoirs de poche et d'autres parures de femmes, des *brides*, des *points turcs*, des *points d'échelle*, depuis peu des *rivières*.

2° *Broderie au cordonnet.*

La broderie au cordonnet se fait ou *à jour* ou *à découpure*. La broderie de cordonnet à jour se fait sur une étoffe épaisse : quand les feuilles sont tracées on les fend, et on fait sur le tracé un cordonnet serré. Lorsqu'on veut employer cette broderie sur des étoffes légères, on ne fend pas les feuilles, mais on y passe un cordonnet.

La broderie de cordonnet à découpures est différente de celle qui précède; on place sous de la gaze claire ou du tulle, des bandes de jaconas sur lesquelles sont tracés des dessins. On suit avec un cordonnet les contours des feuilles et leurs nervures, ensuite on découpe avec des ciseaux très fins toute l'étoffe d'application.

3° *Broderie au crochet.*

On appelle crochet une aiguille terminée à l'une de ses extrémités par un crochet destiné à saisir le coton ou la soie dont on fait usage ; l'autre extrémité de l'aiguille est carrée et se place dans une tige d'ivoire, d'ébène, d'argent ou d'or. Lorsqu'elle est suffisamment entrée dans la tige, on fait marcher une petite vis placée sur le côté et qui serre l'aiguille. Pour retirer le crochet on détourne la vis dans le sens opposé. La broderie au crochet ne peut se faire qu'au moyen d'un métier sur lequel on monte son étoffe, que l'on coud sur des bandes de grosse toile nommées *coulisses*. Si la pièce d'étoffe est un peu considérable, on couvre une des traverses du métier d'une bande de toile pour qu'elle ne déchire pas l'étoffe, et ensuite on roule l'étoffe sur la traverse d'un mouvement bien égal; on ne laisse qu'une portion visible. Pour tendre l'étoffe, on passe un cordon en point de lacet entre le galon et la latte percée de trous qui joint les deux traverses. On en fait autant de chaque côté; on couvre tout le métier d'une toile que l'on retire à l'endroit où l'on veut travailler, et par ce moyen on conserve son ouvrage frais. Aussitôt que l'on a terminé la broderie, qui se trouve sur le métier, on défait les traverses, on couvre son travail et on le roule sur la traverse qui n'a encore rien, puis en remonte comme nous venons de l'expliquer.

Quand le travail est disposé sur le métier, on place la main droite sur l'étoffe tendue, on prend entre le pouce et l'index la tige du crochet, et l'on enfonce perpendiculairement la pointe du crochet dans l'étoffe. La main gauche qui est placée sous le métier, tient le bout du peloton de coton ou de soie qui est sur les genoux, et le présente au crochet qui le saisit. Dès que le crochet est entré, on lui fait faire un petit tour avant de le sortir et de ramener le coton qui y est accroché en boucle. On pose cette boucle sur l'étoffe, et l'on renfonce le crochet au milieu de cette boucle, en faisant des points de chaînette. Pour arrêter on tire un point au-dessous, de manière à faire une grande boucle ; on passe le peloton dans cette boucle, et l'arrêt se trouve fait. Ce genre de broderie est très solide et a le grand avantage d'aller vite. On s'en sert sur la gaze, la mousseline et les étoffes de soie ; cependant il est beaucoup moins employé aujourd'hui qu'autrefois.

4° *Broderie au passé.*

Dans la broderie au passé on monte son étoffe sur le métier, comme dans la broderie au crochet. On l'exécute en soie, laine, coton, or ou argent. Les aiguilles dont on fait usage sont larges et à tête allongée, et les fils employés doivent être plats et lisses. Le point de la broderie au passé couvre également les deux côtés de l'étoffe, en sorte qu'avec du soin et de l'attention dans le travail, on distingue à peine l'endroit de l'envers. Quelques personnes exécutent les feuilles au passé et les tiges au crochet, mais cette alliance n'est pas agréable. Cette broderie n'est belle que dans le mat ; aussi ne doit-elle être employée que dans des étoffes claires.

5° *Broderie en reprise.*

La broderie en reprise consiste en point contrariés, pareils à ceux que l'on emploie pour faire une reprise ; c'est ce qui lui a donné le nom de broderie en reprise. On s'en sert sur les étoffes transparentes, sur le tulle-illusion, grec et réseau. Le fil dont on fait usage est un fil plat et brillant appelé *fil moulinet.* On monte son étoffe sur un papier dessiné en le cousant avec des points-devant de moyenne grandeur. Cette broderie ne présente aucune difficulté.

6° *Broderie en soie nuancée.*

La broderie en soie nuancée est un véritable *passé*, mais elle est beaucoup plus difficile que toutes les autres, et exige autant d'intelligence que de goût. Dans ce genre de broderie on ne prend plus pour dessins ces dents, ces ronds, ces ovales, ces carrés, ces losanges qui constituent la broderie au plumet. On s'élève plus haut, on transporte sur une étoffe la pensée d'un artiste dont on copie le tableau. Le plus habituellement on représente des fleurs, des fruits ou des paysages, et l'on conserve constamment sous les yeux le modèle colorié que l'on a pour but d'imiter.

Il faut beaucoup de nuances de soie si l'on veut se rapprocher de la peinture dans laquelle on passe d'une couleur à

une autre par une foule de tons intermé-
diaires. On conçoit qu'il faut un grand
nombre d'aiguilles enfilées de soie. Lorsqu'on a terminé la partie d'une fleur ou
d'un fruit qui exige une nuance, on ne
coupe pas son aiguillée, mais on pique
son aiguille dans le galon du métier, et
on la laisse jusqu'à ce que le moment
vienne de s'en servir de nouveau. Il est
important de ne pas mêler toutes ces
soies, ce qui perdrait beaucoup de temps
et donnerait nécessairement de l'hu-
meur. Nous avons déjà recommandé de
grands soins pour les broderies au passé;
on sent combien ici ces précautions doivent redoubler. La beauté de cette broderie consiste en grande partie dans l'é-
clat et la vivacité des couleurs; il faut
donc, à mesure que l'on avance, couvrir
avec du papier de soie les parties du
travail qui sont terminées. C'est sur le
gros de Naples et le satin que l'on brode
le plus souvent en soie nuancée, pour
faire des robes, des manteaux, des meu-

bles, des coussins, des tabourets et même des tableaux encadrés.

7° *Broderie pailletée.*

Une paillette est un très petit cercle d'or ou d'argent percé au centre d'un petit trou. Les paillettes se fabriquent à l'emporte-pièce. On monte l'étoffe sur un métier, et on le dispose comme dans les broderies au passé et au crochet. Vous prenez des aiguilles longues et fines; vous arrêtez votre aiguillée au-dessous par un nœud; vous la sortez de la main droite et vous la présentez à la main gauche, dans la paume de laquelle vous avez mis des paillettes; vous enfoncez l'aiguille dans le trou d'une paillette, vous la retournez et vous la placez sur l'étoffe. Vous piquez l'étoffe sous le trou de la paillette; vous ramenez l'aiguille sous la paillette et vous enfoncez l'ai-guille dans l'étoffe de manière que la paillette se trouve tenue transversale-ment : on peut placer les paillettes les unes à côté des autres, ou les disperser comme des tuiles sur un toit. Cette dernière manière est beaucoup plus jolie, mais elle demande de l'habitude. Il existe encore plusieurs sortes de broderies dont nous ne parlerons pas, car elles rentrent dans les espèces que nous venons de décrire sommairement. On brode en lames d'or ou d'argent....

ARTICLE II.

Tapisserie.

Le *point de tapisserie* est le même que le *point de marque* qui sert à former les lettres et les chiffres placés au coin des pièces de linge pour les reconnaître au blanchissage. Nous allons donc dire un mot de la marque, ce qui nous conduira naturellement à la tapisserie. Pour montrer à marquer aux jeunes personnes, on leur donne un morceau de canevas de grosse toile ourlée. Le tissu lâche du canevas permet de distinguer les quatre fils entrelacés qui se coupent à angles droits. Au moyen du *compte-fils*, petit instrument dont on se sert dans le commerce pour constater la grosseur des tissus, on peut se convaincre que les plus belles toiles de batiste sont formées de la même manière que le canevas le plus grossier. Le point de marque forme une croix sur quatre fils entrelacés, mais dans le sens opposé ; après avoir fait le point de marque, on place l'aiguille après deux fils de longueur sous les deux fils de largeur à gauche, ce qui fait que les points de marque semblent être pris les uns dans les autres. Avec le point de marque on dessine toutes les lettres de l'alphabet; mais comme il faut d'abord couper les fils, on ne peut exécuter les lettres qu'avec un modèle. La lettre la plus facile est l'I, avec laquelle on forme le D, l'L, le T, le P, l'H, le B, l'R, le K, l'M et l'N, l'E, l'F, l'U, etc. L'O est une lettre fort importante, car elle entre dans la composition de plusieurs autres lettres, le C, le D, le B, le Q. l'S, etc. Les chiffres exigent un peu plus d'attention, parce que leurs formes sont plus irrégulières, et que d'ailleurs on les emploie moins fréquemment.

La transition du canevas aux batistes doit se faire par degrés insensibles : les torchons, les serviettes, les mouchoirs de toile et ensuite les mouchoirs de batiste. Dans des étoffes très fines, telles que les mouchoirs de batiste, on encadre quelquefois la marque dans une petite figure à six pans inégaux, ce qui produit un joli effet. On emploie en tapisserie le point de marque, quo l'on répète continuellement ; aussi rien n'est-il plus facile que la tapisserie unie. Il n'en est plus de même lorsque le fonds est orné de dessins, d'ornements, de fleurs, de fruits et de sujets imitant les tableaux peints à l'huile. On trouve dans les boutiques des merciers, des canevas tout préparés et dans lesquels les dessins sont nuancés en laine de couleur, et pour lesquels il n'y a plus qu'à remplir un fond uni. C'est un moyen trop facile de se proclamer auteur d'un travail long et pénible. Les canevas ordinairement sont tracés et ombrés en noir, mais il faut alors un modèle colorié qui indique les nuances. Les laines que l'on emploie sont de différentes espèces : l'*étaim* est la plus belle ; vient ensuite la *double broche* et la *laine simple*. Les aiguilles n'ont pas de pointe, on les appelle *ai-guilles à tapisserie*.

On fait en tapisserie des *tapis de pied*, des *tapis d'ameublement*, des *tapis* ou *descentes de lit*, des *petits tapis de lam-pes*, des *cabas*, des *tabourets*, et jusqu'à de *petits tableaux*. Supposons d'abord que vous fassiez un tapis de pied, il faut vous précautionner d'un canevas, d'ai-guilles et de laines de diverses nuances. Commencez par l'ornement ou fleur du milieu, en faisant à mesure le fond qui se trouve entre les parties non occupées par le bouquet. Si le petit tapis a un encadrement, vous passez à la bordure d'encadrement et vous terminez par le fond uni. Quand le tapis est achevé, vous le doublez d'une toile que vous remplissez de laine; vous rabattez les bords du tapis sur votre toile avec un long point de côté employé pour les tapisseries. Assez ordinairement on garnit les tapis de franges. Voici la manière de les disposer : prenez une longue aiguille de laine que vous pliez en quatre, piquez cette aiguille sur une ligne du canevas par un demi-point; alors prenez une petite planchette appelée *moule*, et passez l'aiguillée autour de ce moule, et venez achever votre point. Dès qu'un côté du tapis est garni, vous retirez votre moule et passez au côté suivant. Si vous voulez plusieurs rangées de franges, vous continuez de la même manière; ensuite vous cousez la doublure au bord du tapis par un point de surjet; vous passez enfin vos ciseaux dans les boucles et vous les coupez au milieu, ce qui vous donne une garniture de franges en laine. Quelquefois la frange est de la couleur du fond, mais souvent aussi on la mélange de laines qui entrent dans la composition des fleurs ou de l'ornement qui ornent le milieu du tapis. Les coussins se font de la même manière que les tapis de pied, seulement ils sont moins longs et moins difficiles. Nous allons dire quelques mots sur la manière de les préparer. Nous supposons que la tapisserie qui doit couvrir le dessus du coussin est achevée; il reste encore à préparer le coussin proprement dit. On peut en charger un tapissier, mais il est très facile de le disposer soi-même. Si l'on désire que le coussin offre de la résistance, on l'entoure de quatre bandes de carton épais ou de quatre petites planchettes de sapin. On les recouvre de quatre bandes de grosse toile verte ou bleue, et l'on met par-dessus une étoffe de la couleur de l'ameublement. On peut marquer les coutures en nervures formées par une frielle bien tendue que l'on recouvre d'une bande de l'étoffe semblable à l'ameublement. On rembourre le coussin avec du crin et de la laine ou avec du crin seulement ; par économie, on peut le remplir, surtout lorsqu'il est haut, de râclures de baleine. On ferme alors le coussin en plaçant dessus un carré de grosse toile bien tendue ; il ne reste plus qu'à le couvrir de la tapisserie. Lorsqu'on veut que le coussin soit plus doux aux pieds, il ne faut pas l'entourer de carton ou de planchettes ; il se prépare pour tout le reste de la même manière, seulement il est nécessaire de bien le remplir. Les descentes de lit sont des tapis très longs à faire, parce qu'ils ont un mètre et demi au moins de longueur sur 65 centimètres de largeur. Il faut choisir un joli dessin approprié à l'appartement, et employer des laines qui se raccordent avec le reste des meubles.

4

On garnit à chaque extrémité la descente du lit d'une frange à trois ou quatre rangs que l'on fait au moule. On double son tapis avec une étoffe assez épaisse qui sert à cet usage.

Plusieurs personnes préfèrent pour descentes de lit une fourrure de tigre avec sa tête et ses griffes; la tête est préparée et garnie d'yeux en émail, les griffes sont d'argent, et la fourrure est doublée d'un drap écarlate qui dépasse de quelques millimètres et qui est coupée sur les bords à dents de scie. Les petits tapis de lampes servent à garantir les marbres et l'acajou du frottement que le pied de la lampe y occasionnerait. On les fait de plusieurs espèces : tantôt on emploie le point ordinaire de la tapisserie, tantôt on les compose de laines longues. Les dessins peuvent varier à l'infini : ce sont des losanges, des carreaux, des ornements de toute nature, ou des figures, des sujets entiers. Quant au fond, on doit faire en sorte de le mettre en harmonie avec la couleur des tentures. Si l'on prépare les tapis de lampes en laine longue, on se sert d'un petit moule, et l'on mélange ses laines de couleur selon l'effet que l'on veut produire; on étupe les boucles et l'on égalise la surface. Il s'en est trouvé de charmants à la dernière exposition des produits de l'industrie. Lorsque le tapis de la lampe est terminé, on place au-dessous une feuille de carton sur laquelle on coud le canevas à points de côté. On recouvre le carton d'une étoffe semblable au reste de la tenture; on dispose autour du tapis une frange à plusieurs rangs, ou bien une bordure en fleurs, en rubans, etc.

Les tapisseries pour cabas se forment de deux petits tapis semblables encadrés. Quelquefois une des faces du cabas représente un sujet, un chien emblème de la fidélité, ou un bouquet de roses, tandis que la face opposée représente un ornement ou des lignes offrant des combinaisons différentes. Plusieurs cabas sont composés de deux faces dont les fonds sont de couleurs différentes : chacun suit son goût ou son caprice. Les deux faces du cabas sont sur un même canevas ; il ne s'agit, pour les réunir, que de faire deux rangs de points de tapisserie sur les côtés. On double le cabas en gros de Naples, et l'anse se fait avec des laines tournées autour d'une corde.

Les tabourets se garnissent d'un dessus en tapisserie. Le bois est d'acajou ou de palissandre incrusté, ou d'ébène, ou de bois de rose, ou de bois de citron, etc., etc. C'est le tapissier qui se charge de garnir le tabouret et d'y attacher le tapis. Les marchands vendent des sujets dessinés et qui conviennent à ce genre de meuble. La mode décide de la grandeur du tabouret : elle varie tellement, qu'il est impossible d'en indiquer les dimensions.

Les tableaux en tapisserie conviennent surtout aux jeunes personnes qui sont dans les pensions : c'est un joli travail à offrir à la fête des parents. Si l'on emploie un canevas fin et que le tableau soit encadré, ce travail est d'un joli effet, qui ne peut pas sans doute rivaliser avec la peinture, mais qui a d'autant plus de mérite, que la difficulté de manier les couleurs et de les fondre ne saurait être surmontée qu'avec de l'attention et de l'intelligence. On fait encore en tapisserie en petits points des pantoufles et des bretelles : ce sont des ouvrages très-convenables pour des demoiselles qui sont en pension, ainsi que tous les sujets religieux.

ARTICLE III.

Dentelle.

La dentelle est un tissu à jour fait en fil et orné de dessins ; la blonde est une dentelle faite en soie. On se sert, pour la fabrication de la dentelle, d'un métier et de fuseaux. Ce métier, appelé *carreau,*

4*

est fort simple : c'est une espèce de petite table ovale rembourrée d'étoffes, au milieu de laquelle se trouve une espèce de pelotte appelée *cylindre*. Nous n'entrerons dans aucun détail sur la description du carreau, qu'il suffit de voir une seule fois pour en comprendre la disposition. On a besoin aussi de fuseaux qui ont à peu près la forme de balustres; mais ces fuseaux sont plus allongés que les balustres et sont arrondis en bas. Au-dessus de la partie renflée du fuseau, que l'on nomme *poignée*, se trouve une espèce de bobine nommée *casse*, surmontée d'une rainure qui est la tête du fuseau. Lorsque les casses des fuseaux sont garnis de fils, on les recouvre de casseaux en corne, fendus sur la longueur. On entr'ouvre la fente pour faire entrer la casse, et le casseau se referme de lui-même par son élasticité naturelle. Une ouvrière en dentelle copie une dentelle ; on exécute une dentelle d'après un dessin préparé; on compose une dentelle d'après son idée. Dans toutes ces hypothèses, il lui faut : 1º des épingles de laiton longues et fines pour retenir le réseau et les fils sans céder au mouvement des fuseaux; 2º de très longues épingles destinées à arrêter les paquets de fuseaux.

Lorsqu'on copie un dessin, ce dessin est tracé sur un parchemin vert où l'on indique les trous de la dentelle et les fleurs que l'on doit imiter. On coud le parchemin vert autour du cylindre.

Si au contraire, on copie une dentelle, on entoure le cylindre d'une bande de parchemin, on attache sur ce parchemin la dentelle bien tendue. A cet effet on enfonce des épingles sur les deux bords dont l'un est la lisière ou *pied de la dentelle*, et l'autre est le *picot* ou *couronne de la dentelle*. On enfonce ensuite une épingle dans les réseaux pour piquer le dessin de telle sorte que toutes les piqûres forment des parallèles régulières. Quand le dessin est piqué on retire la dentelle et on indique à l'encre des fleurs pareilles à celles du modèle. La dentelle se compose de réseaux d'une grandeur déterminée et de fleurs qui se distinguent du réseau par un fil gros et plat. Le réseau se fait en croisant des fils fins, les fleurs se font en passant à plusieurs reprises du gros fils parmi ces réseaux. Avant de commencer son travail, l'ouvrière dévide, sur un grand nombre de fuseaux, du fil très fin qu'elle arrête avec un nœud coulant; elle dévide également du fil plat sur quelques fuseaux arrêtés également par un nœud coulant. On exécute en dentelle plusieurs espèces de points : le point de Paris, d'Alençon, de Bruxelles, de Valenciennes et d'Angleterre. Lorsqu'il s'agit de faire des points de Bruxelles, on emploie quatre fuseaux pour chaque trou, huit si l'on fait du point de Paris, et seize lorsqu'il s'agit du point de Valenciennes. Nous ne pouvons pas entrer dans l'indication des manœuvres qu'exigent les différentes espèces de dentelles. Nous dirons seulement que les blondes se travaillent en soie blanche ou noire, selon divers points de dentelle. Ordinairement on emploie le point de Bruxelles ou celui d'Alençon. Les blondes sont à dents. Les tulles sont à dents ou à bords droits dont on fait les entre-deux. Ceux à dents ont des dessins de blondes, ceux à entre-deux ont au contraire des guirlandes et des dessins : on se sert pour les travailler du point de Bruxelles, on les dispose en unis pour ruches ou quelquefois en points d'esprit. On imite les points de dentelle dans la broderie au plumetis; on le fait de deux manières, soit en tirant des fils sur la mousseline ou sur la perkale, soit en formant entièrement un point de tulle que l'on monte sur papier vert. On fait les points de tulle avec du fil très fin, du *fil de dentelle* : chaque réseau, ou petit trou carré, est formé par quatre fils, les deux fils placés en largeur sont les *brides*, les deux autres sont les *barres*. Les points de tulle ne sont pas les seuls que l'on emploie ; on fait encore usage des *points d'esprit* qui imitent ceux de la dentelle, des *œils de perdrix*. Quand la dentelle se déchire, il est nécessaire de la raccommoder. Le raccommodage le plus simple a lieu quand le réseau vient à manquer entre les fleurs. En effet, on peut commencer et arrêter dans le fil plat des fleurs sans que l'on puisse s'en apercevoir. Si le fil est rompu au milieu de la dentelle, il faut reprendre à partir de la lisière et suivre la ligne où il a manqué. Si au lieu d'un réseau rompu, c'est un trou qu'il s'agit de fermer, alors il faut de l'habitude et du soin ; vous recouvrez toute l'étendue du trou de fils croisés, parallèles aux diagonales des réseaux ; ensuite, vous suivez chaque ligne de réseaux en faisant deux points.

CHAPITRE III.

Travaux de pur agrément.

Les ouvrages de pur agrément sont ceux qui conviennent spécialement aux jeunes personnes riches. Dans ce chapi-pitre nous seront moins long, nous étant proposé d'être utile surtout au plus grand nombre. Nous comprenons sous le titre énoncé les ouvrages en perles et en cheveux, les bourses, les tableaux de soie nuancée, les pelottes, les essuie-plumes, les porte-aiguilles, les cordons de souette, les cordons de montre, etc. etc.

ARTICLE 1er.

Le filet.

Le filet s'applique à plusieurs objet de goût et qu'il est utile de savoir exécuter

pour charmer les longues soirées d'hiver.
Ces sortes d'ouvrages sont propres, élégants et n'empêchent pas la conversation.

Pour faire le filet, on se sert d'un moule et d'une navette. Le moule est une baguette de buis, d'ivoire ou d'os, semblable à une très grosse aiguille, et qui est proportionnée à la grosseur de la maille de filet. Lorsqu'il s'agit de faire des bourses en filet, on remplace le moule en buis par un moule d'acier poli et ararrondi aux extrémités. La navette est une aiguille d'acier fendue aux deux extrémités, ces extrémités sont élastiques pour laisser passer les soies ou les retenir. On garnit la navette de soie, de coton, de fil ou de laine. Lorsque la navette est garnie, on prend une aiguillée de fil ou de soie, on y fait une boucle, on l'attache sur le genou avec une épingle, on passe le moule dans la boucle, et l'on attache le bas des fils de la navette avec la boucle qui est retenue au genou. On fait des boucles sur le moule, et quand on a obtenu le nombre de boucles désiré, on tire le moule et l'on recommence une seconde rangée ; quand le filet est trop long, on le replie et on l'attache avec un ruban ; C'est ce ruban que l'on fixe alors sur le genou au moyen d'une épingle. On doit commencer toujours par la partie la plus large, un ouvrage en filet qui va toujours en rétrécissant. En effet on ne peut plus ajouter des mailles une fois que le nombre en est déterminé, au lieu que pour les diminuer, il suffit de laisser une maille sans y passer la navette.

Le filet s'applique à l'art de faire les bourses, les franges, les frivolités. On distingue plusieurs sortes de filets : le *filet à baguettes* qui se compose de trous longs et carrés alternativement, le *filet rond* dans lequel les mailles sont rondes et très élastiques; le *filet à carreaux* dans lequel les mailles sont alternativement grandes et petites, etc. etc.

ARTICLE II.

Ouvrages en chenille.

Les ouvrages en chenille sont faciles et d'un joli effet. Les fleurs se font avec des nuances de diverses couleurs qu'il faut savoir assortir. On fait ces fleurs avec broderie et sans broderie. Il serait assez difficile d'expliquer la manière de préparer les fleurs artificielles en chenille ; ce n'est pas l'habitude d'en faire qui peut apprendre les moyens, d'ailleurs très faciles de composer des bouquets. Les fleurs se font ou à plat ou en relief. On garnit en chenille des corbeilles d'osier, des boîtes, des cartonnages de tout genre, des corbeilles de satin, des porte-montres, etc. Quelquefois on décore les corbeilles de fleurs en chenille, mais ordinairement on se contente de les garnir de chenilles de deux couleurs. On entoure les anneaux de la corbeille d'une double spirale de chenille ainsi que les bords extérieurs et le couvercle que l'on décore habituellement d'une pensée, d'une rose, d'une jonquille en fleurs artificielles mêlées de broderies. Les grandes corbeilles de noces en satin blanc, rose, ou bleu se garnissent sur les coutures ou sur les bords de chenilles en spirale. On conseille également l'emploi pour les corbeilles à petits rubans entrelacés qui se font avec de la faveur satinée ; avant de poser les petites bandes de satin, on rembourre la corbeille de coton non filé que l'on dispose de manière à donner à la corbeille la forme la plus agréable ; on couvre le coton d'une mousseline grossière qu'il faut coudre autour des bords. Il est facile de voir que la mousseline n'est là que pour empêcher le coton de passer entre les rubans. Les porte-montres en broderie ou en chenille sont tombés un peu en désuétude depuis que l'ébénisterie a orné les chambres à coucher de ces jolis porte-montres en bois de palissandre à incrustation ; cependant on en fait encore dans les pensions de demoiselles. Ce serait le cas de parler des fleurs artificielles si l'art du fleuriste n'était pas poussé si loin aujourd'hui. Cependant on a vu de jeunes personnes préparer elles-mêmes de jolis bouquets pour l'ornement des autels avec très peu d'instruments. Les fleurs se composent d'une tige, de feuilles, de pétales, d'étamines et de pistils ; toutes ces parties ne se trouvent cependant pas dans chaque fleur. La tige se prépare avec du fil de laiton recouvert d'un papier vert ou d'une soie verte. Les feuilles exigent presque toujours un *gauffrier* ; sans cet instrument, on est obligé de les découper avec des ciseaux et de les plisser pour imiter très imparfaitement les nervures. Les pétales se découpent, se gauffrent et se colorient. Cette dernière opération exige beaucoup d'intelligence. On prépare une teinte unie sur la palette, et on l'étend sur chaque pétale. Quand la couleur va en se dégradant on applique d'abord la couleur la plus foncée, et en ajoutant un peu d'eau dans dans les pinceaux, on obtient insensiblement des teintes plus claires. Il serait trop long de détailler la disposition des étamines et des pistils, de dire les couleurs qu'il faut employer pour la teinture des pétales, pour la préparation d'un bouquet et de ses accessoires. Le seul conseil que l'on puisse donner aux jeunes personnes, c'est d'imiter la nature autant qu'il est possible de le faire, d'imprimer aux tiges ces mouvement flexibles qui existent toujours dans les fleurs véritables.

ARTICLE III.

Ouvrages en perles, ronds de serviette, porte-montres, etc.

Les ouvrages en perle se font surtout

dans les pensions de demoiselles : ils s'appliquent aux bourses, aux tableaux, aux anneaux de serviette, aux porte-montres, aux bracelets, aux sacs, aux porte-signets, etc.

Les *bourses en perles* exigent tantôt le point de la tapisserie, tantôt celui du tricot, qui ne diffère en rien du tricot ordinaire, seulement il faut faire ressor-la perle en dessus lorsqu'on passe la soie sur l'aiguille avant de lever la maille. Les perles de différentes couleurs sont pla-cées dans les cases d'une boite en com-partiments. On a un modèle devant soi que l'on copie fidèlement. Ces modèles se trouvent tout coloriés chez les mer-ciers. Les *petits tableaux en perles* re-présentent des fleurs, des paysages, des animaux et même des petits sujets reli-gieux ou autres : il faut recourir encore à des modèles coloriés que l'on trouve chez les merciers; on pose les perles avec le point de tapisserie ordinaire. A me-sure que le travail avance on le recouvre avec un papier de soie, lorsqu'il est terminé on le fait encadrer.

Les *ronds de serviettes* se font sur une bande de canevas et d'après des modèles disposés à cet effet. On suit la même marche que pour les tableaux en perles : quand votre canevas sera couvert de perles, vous l'appliquerez avec de la colle sur un anneau de serviette en carton garni de deux bords en cuivre doré.

. On suppose que les mesures ont été prises d'avance et que le canevas est parfaitement juste.

Les *porte-montres*, comme je l'ai dit plus haut ne sont plus guère en usage ; ceux que l'on faisait autrefois se disposaient sur deux pièces de canevas fin : l'une formait le corps du porte-montre, et l'autre la poche destinée à recevoir la montre ; on brodait ces deux pièces en perles de couleurs différentes, et ensuite on les collait sur des morceaux de carton que l'on couvrait de taffetas à l'envers.

Les *sacs et bracelets en perles* ont été

très en vogue autrefois. On choisissait
un dessin pour chaque côté du sac, on
disposait un canevas sur la forme que
l'on avait adoptée, et on brodait en
perles. Ce travail était assez long, parce
que le sac a une certaine ampleur. Lorsque le sac était préparé on le doublait
en taffetas blanc, on le garnissait sur les
coutures de franges en perles, et on fi-
nissait par y coudre un fermoir en argent ou en vermeil. Mais la mode capri-
cieuse a délaissé presque absolument les
ouvrages en perles, quoique les sacs et
les bourses fussent d'un bon usage et d'un
aspect très agréable.

Les *ouvrages en cheveux* sont moins
sujet aux caprices de la mode, ils se rap-
portent plus particulièrement au dessin,
et ont le plus ordinairement pour objet
la conservation d'un souvenir précieux
et qui nous rappelle la mémoire des personnes qui nous étaient chères ou qui
méritèrent notre vénération à cause de
leurs vertus et de leur sainteté. On tresse

les cheveux de bien des manières, on en fait des cordons de montres, des colliers, des bracelets, des bagues, etc. Ces tresses se font ordinairement avec des fuseaux, puis on les dispose à la main ou au crochet, en cordon et en nattes. Ce travail rentre dans celui du passementier, il n'exige qu'un peu d'exercice et d'adresse. Les chiffres en cheveux se font avec des cheveux que l'on a dégraissé dans une dissolution chaude d'alun. On dispose une feuille d'ivoire sur laquelle on veut tracer en cheveux une ou plusieurs lettres formant un chiffre. On la prépare comme pour la miniature en y passant une pierre ponce bien adoucie et bien fine. Le chiffre est tracé sur un papier que l'on place sous la feuille d'ivoire taillée en rond, en ovale ou en carré. Au moyen d'un crayon on calque le chiffre, et il ne s'agit plus que d'y appliquer des cheveux. On se sert pour coller les cheveux de colle à bouche et de gomme; il faut deux ou trois pinceaux pour appliquer la colle et les cheveux sur l'ivoire , des ciseaux fins pour tailler les cheveux avant de les appliquer, et un grattoir coupant bien pour détacher les bouts de cheveux qui dépassent les contours du dessin. Avant d'appliquer les cheveux sur l'ivoire, passez avec un pinceau une couche de colle à bouche sur la lettre esquissée , et prenez avec la pointe d'un pinceau légèrement mouillé d'eau pure un seul cheveux que vous placez sur la colle à bouche avec un bâton d'ivoire ou même avec une plume taillée mais sans fente ; faites prendre au cheveu toutes les sinuosités qui sont nécessaire pour imiter le jambage de la lettre majuscule dont vous vous occupez. A côté de ce cheveu vous en placez un autre et vous continuez jusqu'à ce que votre esquisse soit entièrement recouverte ; il est inutile de dire que vous diminuez successivement la longueur des cheveux pour mettre le plein des lettres. On voit que ce travail exige plus de patience qu'autre chose. Lorsqu'un chiffre est composé de deux lettres, on prend ordinairement deux couleurs différentes de cheveux. Nous allons parler de dessin en cheveux beaucoup plus compliqués et qui ne sont guère plus difficiles à exécuter. Prenez de même une feuille mince d'ivoire, carrée ou rectangulaire, c'est-à-dire ayant la forme d'un petit tableau ordinaire. Choisissez un paysage plus ou moins simple Placez votre dessein sous l'ivoire et l'y fixez. Ce qu'il y a de mieux à faire, c'est d'avoir un double exemplaire du dessein, dont l'un est fixé sous l'ivoire, et dont l'autre est sous les yeux de la personne qui dessine. On prend cinq ou six espèces de cheveux qui serviront aux différents plans de paysage. On commence par les lointains, qui s'exécutent avec les cheveux les plus clairs, avec les cheveux blonds d'un enfant ou les cheveux grisonnants d'un père; on peut employer les cheveux blancs, que l'on fait valoir en rapprochant leur

nuance de nuances blondes plus pronon-
cées. Toutes les lignes se font avec un,
deux ou trois cheveux, selon leur épais-
seur ; dans les derniers plans un seul cheveu suffit. Les ombres s'indiquent avec
de la poudre de cheveux. Voici comment on la prépare : prenez une pincée
de cheveux que vous trempez auparavant dans une dissolution de gomme ;
vous les pressez fortement entre le pouce
et l'index de la main gauche, et avec des
ciseaux que vous tenez de la main droite,
vous les coupez très fin , de manière à
en composer une poussière que vous déposez au fur et à mesure dans la pomme
de la main gauche ; quand votre provi-
sion est suffisante, vous la relevez avec
votre grattoir, et vous la déposez dans
un petit godet de porcelaine. Vous prenez ensuite de cette poussière de cheveux avec un pinceau et vous l'appliquez
sur les différentes parties qui exigent des
ombres. Le grattoir succède au pinceau
et termine les contours incertains, di-

minue les épaisseurs et remplit les lacunes. On passe ensuite au plan suivant, et l'on arrive enfin aux premier plans, que l'on accuse vigoureusement avec les cheveux les plus noirs que l'on ait pu trouver. Les herbes et les petites ligues s'imitent parfaitement, non plus avec de la poussière de cheveux, mais avec de petits bouts de cheveux de toutes les dimensions. On a vu des paysages et des marines exécutés en cheveux et produisant une illusion fort remarquable. Il est agréable par ce moyen de conserver dans un même cadre les cheveux de plusieurs membres d'une famille, et de se passer de l'intermédiaire des ouvriers ou artistes en cheveux qui vous fournissent des dessins travaillés à l'avance, dans lesquels ne se trouvent pas les cheveux qu'on leur a fournis.

Les bourses ont changé bien des fois de formes, elles changeront probablement encore bien d'autres fois ; mais il est probable qu'on en portera long-temps, et que ce petit ouvrage sera long-temps aussi un des plus jolis que les femmes puissent exécuter.

De toutes les bourses, les plus belles, quoique les plus anciennes sont sans contredit les bourses en filet. Ces bourses sont longues, ouvertes par le milieu, et se ferment avec deux coulants en acier poli : on attache à chaque bout un glan d'acier poli, assorti aux coulants, et formant ensemble ce que les marchand appellent *une garniture*. Quelquefois, les coulants sont taillés en facettes, souvent ils sont unis ; les glands sont en pommes, en poires, et olives, en clochettes, en gland de chêne, etc. les garnitures en or sont aussi très belles, mais elles coûtent cher et augmentent beaucoup la valeur de la bourse. Les bourses en filet pour dames, sont ordinairement brodées en perles d'acier. Les bords de l'ouverture du milieu ont un dessin particulier. Les broderies en perles d'or nous semblent plus lourdes et moins jolies que celles d'acier. On dispose des bourses en tissu de cachemire brodé en soie. Lorsqu'une bourse de ce genre est doublée en marceline blanche garnie de coulants et de glants d'acier très fin, elle est très bien portée, surtout par les messieurs. On fait de très jolies bourses au crochet en soie de diverses couleurs : elles se composent quelquefois d'un quadrille chiné ou de diverses couleurs, suivi d'un quadrille blanc. Des lacets chinés cousus ensemble en surjet forment encore de jolies bourses. On trouve chez les marchands merciers de petites pièces de lacet préparées à cet effet. On garnit également les bourses en acier poli ou en cuivre. Ordinairement on assortit les couleurs ainsi qu'il suit : noir et cerise, vert et bois, noir et orange, bleu de ciel et noir, solitaire et vert, etc. etc. Lorsqu'on portait des bourses à fermoir ou à diable, on en faisait sur des moules à dents, on en faisait en perles, en cheveux ; on en faisait de formes anciennes ;

mais aujourd'hui toutes ces formes ont disparu, et ont cédé la place aux bourses longues. Pour ne pas interrompre notre article *broderie*, appartenant au 2ᵉ chapitre, nous y avons traité de la *broderie en soie nuancée*; mais c'est ici qu'est véritablement la place de cet article qui rentre dans le travaux de luxe et de pur agrément.

Les *pelotes* de dames se font de bien des manières. Les pelotes simples et carrées n'ont rien d'intéressant, car il ne s'agit que de recouvrir une pelote remplie de son, d'une enveloppe plus ou moins belle. Si l'enveloppe est de mousseline brodée, la pelote est recouverte d'un taffetas blanc ou d'un satin bleu ou rose, qui sert de transparent à travers la mousseline claire. Ces pelotes carrées étaient encore placées, il n'y a pas longtemps sur les toilettes des maisons de campagne. Quelques dames s'en servent encore sur leur toilette. Aujourd'hui on fait des pelotes charmantes, en soie brodée, d'une forme longue ou carrée. Certaines pelottes élégantes sont entourées sur les bords d'une rangée d'écailles. Des pelotes sont décorées en chenilles, d'autres sont garnies de fleurs en chenille, en demi-relief, etc. Les pelotes placées sur les bureaux d'hommes, et appelés *grimaces*, n'ont pas changé de forme, mais quand ces grimaces sont disposées en compartiments de velours frais et de jolies nuances, avec des bandes de cannetille ou simplement du petit galon d'or qui cache les coutures, c'est un meuble de bureau fort joli. On vend pour les bureaux d'homme des pelotes placées sur des boîtes élégantes destinées aux pains à cacheter : Ces boîtes sont quelquefois en bois de citron avec des pointes en acier poli. Depuis que les dames du monde ont un cabinet de travail ou au moins un bureau élégant dans leur parloir, tous les accessoires de ces bureaux sont devenus d'une recherche remarquable, qui s'est un peu propagée dans les bureaux particuliers des hommes. Ainsi, pour n'en citer qu'un exemple, les *essuie-plumes* sont devenus des ouvrages très jolis et de très bon goût. En effet rien n'était plus mal propre que de trouver sur une table à écrire un petit chiffon noir et sale servant à essuyer les plumes à écrire. On voit aujourd'hui sur le bureau d'une dame un charmant papillon brodé sur velours en soie nuancée ; les aigrettes de sa tête, les brillantes couleurs de ses ailes, rien n'y manque, et ce joli travail n'est cependant qu'un essuie-plumes. Au-dessous des ailes de velours ; se trouvent trois ou quatre feuilles de linge noir qui servent à essuyer les plumes. Quelques personnes remplacent le linge par des ailes superposées en drap noir, mais c'est bien à tort, car le drap essuie mal les plumes et y laisse presque toujours des filets ou duvets qui s'introduisent dans la fente du bec et empêchent d'écrire.

Un essuie-plumes de bon goût est une

grosse clochette aux couleurs nuancées, et composée de pièces de drap de couleurs assorties, taillées en feuilles dentelées et formant deux ou trois rangs de pétales. Au centre de la fleur est un calice noir qui vient lorsqu'on le tire, et qui n'est en réalité qu'un essuie-plumes formé par plusieurs morceaux de toile noire taillés en feuilles et formant calice. La clochette est attachée par un cordon tressé qui simule la tige et qui correspond au calice, en sorte qu'il suffit de tirer le cordon pour faire rentrer le calice à sa place. Ce petit ouvrage, très facile à exécuter, convient beaucoup dans les pensions de demoiselles. On voit des essuie-plumes de toutes les formes : les uns représentent un œillet noir; d'autres deux ou trois éteignoirs en drap noir, réunis par leurs sommets, et remplis à l'intérieur de bandes de toile noire. Les essuie-plumes ronds sont les plus communs et ne sont pas néanmoins les moins commodes; ils sont plus spé-

cialement destinés aux bureaux des hommes. Les uns sont simplement formés de
rondelles et de draps assortis, avec des
rondelles de linge noir au milieu. Le
centre des rondelles est traversé soit par
un bouton en coco, soit par un gland de
chêne en nacre ou en ivoire. D'autres
essuie-plumes sont formés de huit cônes
en draps assortis et doublés de toile
noire. Tous ces cônes viennent aboutir,
par leurs sommets, à un centre commun,
et forment un cercle dont les bords sont
découpés à dents. Au milieu s'élève une
petite tête de chien en ivoire ou en
coco, une petite figure en ivoire ou un
ornement analogue. On a fait depuis
quelque temps des *porte-aiguilles* très
distingués. Au milieu de l'intérieur du
porte-aiguille se trouvent deux feuillets
en flanelle bordée en faveur satinée placée à cheval. Ces deux feuillets sont
destinés à recevoir les aiguilles ; mais
combien l'enveloppe est jolie! Le satin
rose ou blanc en dedans, à l'extérieur le

velours brodé en soie, cerise sur noir ou or sur vert, donnent à ce petit ouvrage le droit d'être placé chez les personnes les plus élégantes.

Nous devons signaler encore, parmi les ouvrages d'agrément, des cordons de sonnettes délicieux qui décorent les plus beaux appartements : ce sont des bandes de tapisserie en soie avec broderies de diverses couleurs. On les double en taffetas blanc, rose ou bleu. Ce travail est un peu long, mais il est du meilleur goût. On suspend, à l'extrémité du cordon de sonnette maintenu dans un coulant doré, une poignée également dorée. L'autre extrémité du cordon est arrêtée par un ornement correspondant par la ciselure à la poignée et au coulant. Cet ornement, terminé en pointe et percé dans le haut, se rattache par un fil d'archal au tirage des sonnettes.

Nous nous arrêterons ici. Un traité complet ne suffirait pas si l'on voulait décrire tous les travaux d'agrément pour les loisirs des dames et pour les soirées d'automne et d'hiver. Notre dessein d'abord n'était que de rappeler aux maîtresses des classes, et par elles à leurs élèves, les travaux de femme les plus nécessaires, les plus communs et les plus remarquables. Nous les avons classés de manière à éviter la confusion.

A. M. D. G. B. M. V.

TABLE.

—

FIN DE LA TABLE.